Inhalt

Zwei Jahre AGG - Einfluss auf Vorstellungsgespräch, Archivierung und Kündigungsschutz

Kernthesen

Beitrag

Fallbeispiele

Weiterführende Literatur

Impressum

Zwei Jahre AGG - Einfluss auf Vorstellungsgespräch, Archivierung und Kündigungsschutz

C.F.Dobner

Kernthesen

- Indiskrete Fragen sind auch nach Einführung des AGG beim Vorstellungsgespräch gegenüber einem Bewerber als Reaktionstest zulässig.
- Die zwingenden Einlager- und Aufbewahrungsfristen des AGG verursachen bei Klein und Mittelbetrieben Zusatzkosten pro Jahr und Mitarbeiter

zwischen 1 000 - 4 500 Euro.
- Das BAG bestätigt in seinem neuesten Urteil die Anwendung des AGG im Rahmen des Kündigungsschutzes entgegen des §2 Abs. 4 AGG.
- Trotz des Anfang des Jahres 2008 von der Europäischen Kommission eingeleiteten Vertragsverletzungsverfahrens sah die Bundesregierung bisher keinen Handlungsbedarf.

Beitrag

Im Jahr 2006 setzte die Bundesregierung die Richtlinie 2000/78/EG in nationales Recht um und ersetzte die bisherigen im Bürgerlichen Gesetzbuch (BGB) geregelten Vorschriften zur Gleichbehandlung beider Geschlechter durch das Allgemeine Gleichbehandlungsgesetz (AGG). Nach zwei Jahren von Betrieben und Gerichten praktizierter Anwendung werden sowohl Stärken als auch Schwächen des noch jungen Gesetzes deutlich, sodass eine weitere Nachbesserung des Gesetzes seitens der Bundesregierung grundsätzlich zu erwarten wäre. Die Stärken des AGG liegen sowohl für Arbeitgeber als auch für Arbeitnehmer vorwiegend in den Bereichen Einstellungsverfahren und während der Berufsausübung. Schwächen liegen im Bereich Kündigungsschutz und Bürokratie. Sie gehen jedoch einseitig zu Lasten des Arbeitgebers und zeigen dem Gesetzgeber damit erheblichen Korrekturbedarf auf.

Sogenannte verbotene Fragen können auch nach Einführung des AGG zulässig sein

Bereits vor Einführung des Allgemeinen Gleichbehandlungsgesetzes hatten sowohl der designierte Arbeitgeber als auch der Bewerber gleichermaßen ein Interesse daran welche Fragegestaltungen in einem Bewerbungsgespräch überhaupt zulässig sind. Die Rechte des Arbeitnehmers sich gegen verbotene Fragen und damit gegen eine Diskriminierung zur Wehr setzen zu können, waren jedoch eher schwach und nur aus den auslegungsfähigen Rechtsnormen des BGB ableitbar. Als verbotene Fragen galten und gelten grundsätzlich Fragen bzgl. der Religion des Bewerbers, Fragen nach Vorstrafen, Fragen nach der sexuellen Orientierung, Fragen nach einer Partei- bzw. Gewerkschaftsmitgliedschaft sowie die beliebte Frage, ob eine Bewerberin schwanger sei. Mit Einführung des AGG wurden die Rechte von Bewerbern in dem Maße gestärkt, dass ein Arbeitgeber aus Gründen der

Rasse, Herkunft, des Geschlechts, der Religion oder Weltanschauung, einer Behinderung, des Alters oder der sexuellen Identität keine Benachteiligung vornehmen darf (vgl. §1 AGG). Aus diesem Aspekt heraus ist es Bewerbern sogar rechtlich gestattet, auf Fragen die eine Benachteiligung vermuten lassen zu lügen. Sie können auf Grund der auf eine derartige Frage kundgegebenen Unwahrheit rechtlich keinesfalls belangt werden. (3), (4)

Obwohl auch Arbeitgebern zwischenzeitlich bekannt ist, dass das neue Gesetz die Rechte des Bewerbers stärkt, werden regelmäßig weiterhin in Bewerbungsgesprächen vorsätzlich verbotene Fragen gestellt. Hintergrund ist jedoch ein anderer als Diskriminierung. Personalchefs testen damit Eigenschaften des Bewerbers wie Schlagfertigkeit, Reaktionsfähigkeit, Kritikfähigkeit und Belastbarkeit in Stresssituationen. Mit Hilfe derartiger Fragen wird besonders deutlich wie provozierbar der vermeintlich zukünftige Mitarbeiter ist. Fühlt sich der Bewerber dennoch zum Beispiel auf Grund einer erteilten Absage wegen der gestellten Fragen benachteiligt, so bleibt ihm die Option einer Klage vor dem zuständigen Arbeitsgericht. In derartigen Fällen entschied die Jurisprudenz jedoch, dass verbotene Fragen die darauf abzielen den Bewerber zu testen zulässig sind. Gemäß §22 AGG trägt der Bewerber die Beweislast, dass der Arbeitgeber eine Benachteiligung im Sinne hatte (vgl. LAG Hamburg vom 09.11.2007). (3), (7)

Verbotene Fragen können auch in einem weiteren Spezialfall zulässig sein. Und zwar dann, wenn der Arbeitgeber auf Grund der Branchenzugehörigkeit ein berechtigtes Interesse hat (Arbeitsplatzrelevanz). Dann ist der Bewerber sogar zur Offenbarung verpflichtet. Beispielsweise dürfen Personalchefs in Pflegeeinrichtungen oder Krankenhäusern nach dem Gesundheitszustand fragen sowie Blut- und Urintests verlangen. Auch sogenannte Tendenzarbeitgeber wie Parteien oder Kirchen dürfen beim Einstellungsverfahren politische und religiöse Einstellung des Bewerbers berücksichtigen, ohne dabei gegen die Grundsätze des AGG zu verstoßen. Die sich bei Bewerbungsverfahren von Führungskräften häufenden Forderungen nach Gentest befinden sich aktuell in einer gesetzlichen Grauzone. (3), (4), (7)

Einlager- und Aufbewahrungspflichten lassen Kosten vor allem im Mittelstand explodieren

Welches Ausmaß Bürokratiekosten für den Deutschen Mittelstand angenommen haben, lässt sich deutlich an dem von der Bundesregierung geplanten Entlastungspaket von rund 1,8 Milliarden Euro ablesen. Der Deutsche Industrie- und Handelskammertag (DIHK) errechnete für die zwingenden Einlager- und Aufbewahrungspflichten gemäß AGG Bürokratiekosten von zwischen 1 000 und 4 400 Euro pro Jahr und Arbeitnehmer. Aus den Zahlen kann zweifelsfrei festgehalten werden: je kleiner das Unternehmen, desto größer die Bürokratiekosten pro Arbeitnehmer. (1)

Die Haltung der Bundesregierung trifft größtenteils auf Unverständnis. Einerseits soll sie für die von den Unternehmen längst geforderte Entbürokratisierung sorgen, andererseits beschließt sie jedoch Gesetze, wie das Allgemeine Gleichbehandlungsgesetz, das Normen enthält, die den Arbeitgebern zusätzliche Einlager- bzw. Aufbewahrungskosten bescheren. Ersten Berechnungen zur Folge beliefen sich die mit dem AGG verbundenen Archivierungskosten bisher auf insgesamt 156 Millionen Euro. Eine Archivierung von Bewerbungsunterlagen ist nach dem AGG zwar nur innerhalb der Verjährungsfristen, also für mindestens zwei Monate vorgeschrieben, dennoch sind Arbeitgeber gut beraten Bewerbungsunterlagen länger aufzubewahren. Denn bei Rechtsstreitigkeiten trifft im Zweifel auch den Arbeitgeber eine

Nachweispflicht. Dennoch wäre es nach herrschender Meinung eine überzogene Sorgfalt die Unterlagen ähnlich wie wichtige Geschäftspapiere oder Personalakten für sechs bzw. zehn Jahre aufzubewahren. (1), (2)

Die Aufbewahrungspflicht trifft im Übrigen auch Bewerbungsunterlagen die dem Unternehmen in digitaler Form überlassen werden. Hier gelten jedoch die Spezialvorschriften des Bundesdatenschutzgesetzes (BDSG). Dabei dürfen gesicherte Daten grundsätzlich nur mit schriftlicher Einwilligung genutzt werden. (2)

Die Rechtssprechung legt richtungsweisend die AGG-Normen auch für Kündigungen aus

Das Allgemeine Gleichbehandlungsgesetz regelt in §2 Abs. 4, dass für Kündigungen ausschließlich die Bestimmungen zum allgemeinen und besonderen Kündigungsschutz (vgl. Kündigungsschutzgesetz, kurz: KSchG) gelten (sog. Bereichsausnahme). Dass diese Regelung nicht im Sinne des Erfinders war, bestätigt das bereits anhängige

Vertragsverletzungsverfahren, das die Europäische Kommission am 31.01.2008 initiierte. Der förmlichen Aufforderung zur Nachbesserung kam die Bundesregierung bisher ebenso wenig nach, wie einer Aufforderung seitens der Fraktion DIE LINKE während der kleinen Anfrage vom 31.03.2008. Vielmehr machte die Bundesregierung in einer Stellungnahme deutlich, dass nach ihrer Ansicht kein Nachbesserungsbedarf bestünde, da die Entlassungsbedingungen in §2 Abs. 1 Nr. 2 AGG mit erfasst seien und §2 Abs. 4 nur eine Abgrenzung zu den Kündigungsschutzbestimmungen darstelle. (4)

Diese zweifelhafte Normenkonstellation schaffte seit Bestehen des AGG in der Praxis zunehmend Rechtsunsicherheit. Im Laufe des Jahres 2007 waren von den Arbeitsgerichten Osnabrück, Bielefeld und vor dem Landesarbeitsgericht Niedersachsen bereits erste Klagen diesbezüglich anhängig. Die kontroversen Entscheidungen der Richter, die zum Teil zu Gunsten, zum Teil zu Ungunsten des Arbeitnehmers ausfielen, konnten nicht zur Entschärfung der Problematik beitragen. Am 07.11.2008 fällte das Bundesarbeitsgericht ein richtungsweisendes Urteil, indem die Richter in ihrem Urteil entschieden, dass das AGG auch im Rahmen des Kündigungsschutzes anwendbar ist. (4)

Mit dieser höchstrichterlichen Rechtssprechung

werden die Rechte des Arbeitnehmers deutlich gestärkt. Dennoch ist die damit gewonnene Rechtssicherheit auch für den Arbeitgeber bedeutsam, der zukünftig auch bei Kündigungen die Grundsätze des AGG einzuhalten hat.

Keine Einsicht bei der Bundesregierung - Vertragsverletzungsverfahren ist bereits eingeleitet

Auch nach der Urteilsverkündung des Bundesarbeitsgerichtes sah die Bundesregierung bisher keine Notwendigkeit zum Handeln. Bis zum Abschluss des von der Europäischen Kommission eingeleiteten Vertragsverletzungsverfahrens ist mit einer Nachbesserung des AGG seitens des Gesetzgebers wohl nicht zu rechnen. Auf Grund der Rechtssprechung dürfte jedoch in der Praxis zukünftig das AGG auch bei Kündigungen Berücksichtigung finden.

Fallbeispiele

Seit Einführung des Allgemeinen Gleichbehandlungsgesetzes im Jahre 2006 sorgen insbesondere Negativfälle für Schlagzeilen. Jüngst, am 13.11.2008, verkündete Siemens mit Stolz, dass mit Barbara Kux endlich eine Frau in den Konzernvorstand aufrückt. Verheimlicht wurde jedoch, dass die neue Vorzeigefrau ausländischer Herkunft ist und gegenüber ihren Mitbewerberinnen vielleicht auch nur deshalb bevorzugt wurde, weil so zwei Fliegen mit einer Klappe geschlagen werden konnten. (5)

Für großes Aufsehen sorgte auch der Fall Eisele gegen den Versicherungsgiganten R+V. Einerseits nimmt die Schadensersatzforderung in Höhe von einer halben Million Euro nahezu amerikanische Dimensionen an. Andererseits wurde die Geschädigte trotz AGG auf Grund ihrer Schwangerschaft derart diskriminiert, dass eine Rückkehr in das normale Berufsleben nicht mehr möglich ist. Bei diesem Fall, über dessen Ausgang erst noch entschieden werden muss, steht das AGG erstmals so richtig auf dem Prüfstand. (6)

Weiterführende Literatur

(1) Bürokratie kostet Milliarden Vereinfachungen des Bundes führen bei kleinen und mittelständischen Firmen kaum zu Entlastungen
aus DIE WELT, 10.10.2008, Nr. 238, S. WR1

(2) KARRIERE Frage // An Christoph Abeln, Fachanwalt für Arbeitsrecht // Wie lange bleibt die Personalakte?
aus Der Tagesspiegel Nr. 20059 VOM 19.10.2008 SEITE K01

(3) Verbotene Fragen im Vorstellungsgespräch
aus FAZ.NET, 08.11.2008

(4) Schutz vor Diskriminierung
aus Süddeutsche Zeitung, 08.11.2008, Ausgabe Deutschland, Bayern, München, S. 25

(5) Frauen kommen leichter auf einen Dax-30-Vorstandsposten, wenn sie Ausländerinnen sind
aus HANDELSBLATT online 13.11.2008 00:35:07

(6) "Ich will meine Würde wiederhaben" Wegen Mobbing und Diskriminierung verklagt eine zweifache Mutter ihren Arbeitgeber, die R + V-Versicherung, um die Rekordsumme von 500 000 Euro. Jetzt beginnt der spektakuläre Prozess
aus STERN Nr. 44

(7) Schmitt, Sabine, Der gläserne Arbeitnehmer, Von Blutuntersuchung bis Gentest - Arbeitgeber wollen genau issen, was in ihren Angestellten schlummert.

Manchmal überschreiten sie dabei ihre Befugnisse,
Die Welt, 09.11.2008, Nr. 45, S. 51
aus STERN Nr. 44

Impressum

Zwei Jahre AGG - Einfluss auf Vorstellungsgespräch, Archivierung und Kündigungsschutz

Bibliografische Information der deutschen Nationalbibliothek

Die Deutsche Nationalbibliothek verzeichnet diese Publikation in der deutschen Nationalbibliografie; detaillierte bibliografische Daten sind im Internet über http://dnb.d-nb.de abrufbar.

ISBN: 978-3-7379-0216-8

© 2015 GBI-Genios Deutsche Wirtschaftsdatenbank GmbH, Freischützstraße 96, 81927 München, www.genios.de

Alle Rechte vorbehalten. Dieses Werk ist einschließlich aller seiner Teile – z.B. Texte, Tabellen und Grafiken - urheberrechtlich geschützt. Jede Verwertung außerhalb der Grenzen des Urheberrechtsgesetzes bedarf der vorherigen Zustimmung des Verlags. Dies gilt insbesondere auch für auszugsweise Nachdrucke, fotomechanische Vervielfältigungen (Fotokopie/Mikroskopie), Übersetzungen, Auswertungen durch Datenbanken oder ähnliche Einrichtungen und die Einspeicherung und Verarbeitung in elektronischen Systemen.